박종석 동화

『 크루시스 』

부제: 십자가로 선택된 나무 이야기

도서출판 **삼사재**

작가의 말

저는 오래된 이야기를 좋아합니다. 그래서 전해져 내려오지 않는 역사기록, 고조선과 부여와 고구려, 백제의 모든 기록이 남아있다면 얼마나 좋을까. 7~800년전 고려시대의 자료나 1,000년 전 발해와 통일신라시대의 역사적 기록이 다 남아있고, 우리가 마음껏 읽을 수 있다면 얼마나 좋을까 상상해 봅니다. 그러나 안타깝게도 오래지난 역사적 문서는 여러 가지 이유로 거의 남아있지를 않습니다. 그래서 거의 3천년 전 이야기가 남아있는 성경은 참 재미있는 기록입니다. 종교적으로 믿을 수 있는가 없는가도 물론 중요한 문제입니다만, 단순하게 이야기라는 쪽으로 접근해 봐도 성경은 무척 흥미로운 책입니다. 그런데 안타깝게도 성경은 직관적으로 이해하기엔 조금 불친절 합니다. 언제 일어난 사건인지. 저자는 누구인지. 기록된 사건에 대해 교차확인 가능한지, 이 모든 정보가 생략된 채 아주 간단하게 사건만 기록된 경우가 허다하기 때문입니다.

거기다 성경이 갖고 있는 성격도 모호합니다. 한 인물의 일대기가 들어있는가 하면 한 나라의 운명이 기록되어 있기도 하고 아주 개인적인 연애이야기도 들어있고, 양치던 목자의 노래도 담겨 있습니다. 이렇게 성경에는 평범한 사람들의 이야기, 그러니까 성경에 적혀있지 않았으면 역사 어디에도 남지 못했을 그리 중요해 보이지 않는 이야기도 있습니다.

전 성경의 많은 이야기 중에서 AD4년 경 팔레스타인 지방에 태어난 한 사람의 이야기를 동시대를 살았던 사물들의 관점에서 상상해 봤습니다. 온 세상이 기다렸지만 또 온 세상의 배척을 받았던 사람. 여호와 하나님을 아버지라 부르고, 성령 하나님을 자신의 동역자라고 소개했던 남자, 그러나 같은 민족이었고, 같은 신앙을 하던 제사장과 바리새파 장로들에 의해 살해당했던 한 남자의 이야기를 조금 다른 시각으로 바라보고 싶었습니다.

산헤드린을 이루고 있던 사두개인과 바리새파 사람들은 성경에 대해 정말 대단한 지식을 갖고 있었습니다. 하지만 그들은 그 귀한 지식을 자신과 동료를 사랑하고 구원하는데 사용하지 않고 오히려 성경의 내용을 악용해서 자신들의 정적을 죽이고 저주하는 일에 사용합니다. 마치 물질의 넘치는 축복을 받은 자가 그 축복을 이웃과 나누지 않고 오히려 돈을 이용해서 이웃을 핍박한다던가, 세상의 범죄를 징벌하라고 위임한 권한을 오직 자신이 속해있는 조직의 이익과 안위를 위해 악용하는 사람들처럼, 바리새파와 사두개인들 또한 성경에 있는 그 귀한 소식에 대해 자신들만 귀 막고 눈 감은게 아니라 그 귀한 복음이 세상으로 전달되지 못하도록 틀어막은 병마개처럼 행동합니다.

그런 시대적 배경 속에서 성전이 되고 싶었던 나무와 그 나무를 둘러싼 여러 이야기를 통해 종교가 사람을 사랑하지 않게 되면 어떤 아픔을 주게 되는지 이야기하고 싶었습니다. 부끄럽고 보잘 것 없는 이야기지만 조심스럽게 들려 드리고 싶습니다. 이 글을 통해 조금이라도 성경에 나와 있는 나사렛 목수였던 예수의 이야기가 독자 여러분에게 쉽게 다가서기를 소망해 봅니다. 귀 기울여 주셔서 감사합니다.

목 차

작가의 말 / 3

1. 크루시스 / 9
2. 겟세마네 / 17
3. 메시아 / 27
4. 지목되다 / 36
5. 골고다 언덕 / 47
6. 음모 / 56
7. 금빛성전 / 66
8. 다시 골고다 / 77
9. 나무성전 / 89

추천사 / 100

1. 크루시스

 나는 나무다. 언제부터였는지 모르지만 내 아버지의 아버지가 이곳에 자리를 잡았고, 새를 키우고, 비를 만나고 물을 찾아 뿌리를 뻗어 우리 친척들을 길러 숲을 일궈냈다. 이 땅이 평화로웠다면 새를 통해, 바람을 통해 땅 밑으로 이어진 숨겨진 물길을 통해 그리고 닿아있는 뿌리와 뿌리를 통해 우리는 세상의 시작에 대해 많은 이야기를 들었을 것이다. 그러나 지난 400여년 간 이 땅은 전쟁이 그치지 않았다. 지금 예루살렘을 차지한 사람, 에돔 사람 헤롯 왕이 로마군을 따라 들어와 하스몬 일가의 사람들을 정리하고 나서야 수십 년 동안 이곳을 피로 물들인 아비규환이 멈춰졌다. 1년을 채우기 전에 도시의 주인은 바뀌었고, 그때마다 많은 사람이 죽었다. 이렇게 전쟁과 다툼으로 사람이 죽어나가는데 동산의 나무들도 안전할 수 없었다.

전쟁으로 숲속의 일족들도 많은 희생을 치러야만 했다. 아버지의 형제들과 아버지의 아버지들과 그들과 함께 동산을 지켜왔던 대부분의 나무들은 사람들 사이의 전쟁을 위해 잘려나갔다. 한번 인연을 맺으면 길면 천년 짧아야 수백 년을 함께 지내는 나무들에게 이별은 견디기 힘든 상실이었다. 겨우 70여년을 함께 지내다 헤어지는 인간도 죽음으로 겪는 이별을 슬퍼하고 괴로워하는데, 몇 배의 세월을 함께 지내는 나무들의 슬픔은 어떨까. 물기를 잔뜩 품은 부드러운 흙을 뚫고나와 새싹이었던 나를 적당한 햇빛과 그늘로 돌봐주고, 뿌리를 통해 영양분을 빨아들이고, 물을 마셔 성장하는 법과 태양을 바라보고 잎을 펼쳐 파란 생명을 얻고 성장하는 그 모든 것을 알려준 그들과 이별하는 것, 그들과 나누었던 추억을 영원히 잃어버리는 건 인간의 그것과 비교하기 힘든 슬픔인 것이다.

우리는 누가됐든 전쟁을 끝내서, 이 비극을 멈춰줄 구원자를 기다렸다. 우리 같은 나무들에게도 온 세상을 구원하러 온다는 메시아의 이야기는 복음이었다. 메시아의 등장은 산불과 전쟁으로부터의 해방임과 동시에 영원히 죽지 않고 사랑하는 나무들과 함께 존재하는 것을 뜻하기에 모든 생명들과 그렇듯이 우리도 메시아를 고대하고 또 고대했다. 어떠한 이유로도 헤어짐 없이 영원히 함께 하는 세상, 그런 세상은 꼭 와야 했다. 제발 와야만 했다.

그런데 이런 끝이 안보이던 살육의 지옥을 끝낸 건 우리가 기다리던 '평강의 왕, 메시아'가 아니었다. 어이없게도 '철이빨이 숭숭 돋은 괴물'같은 나라, '강력한 무력으로 세상 모든 나라와 민족을 철 절구 안에 있는 호두처럼 부서버리면서 하나하나 정복해 나가는 나라'이자 역사상 그 어떤 민족과 나라도 갖지 못했던 짧고 강한 칼을 갖고 있던 로마였다. 그들의 가죽 샌들이 행진하며 먼지를 일으킬 때, 그들의 방패는 그 땅에 살고 있던 주민을 밀어냈고, 그들의 창은 반항하는 자의 가슴을 찔렀다. 모든 민족은 그들의 진군에 무릎을 꿇었다. 그 어떤 민족도 로마군 앞에서 감히 맞서지 못하고, 봄을 만난 헬몬 산의 눈처럼 녹아내렸다. 그 로마군이 이 땅에 들어왔을 때 예루살렘은 왕이 되고 싶었던 왕이 아닌 자들의 오랜 내분으로 인해 저항할 여력이 없었다. 제국 헬라를 몰아내며 500여년 만에 모든 외세를 쫓아내고 독립했던 하스몬 일가는 이렇게 허무하게 나라를 잃어버렸고 다시 찾지 못했다.

로마군의 독수리 깃발이 예루살렘에 입성하던 그 시간, 우리는 두려움에 떨었다. 정복자들이 깃발을 꽂은 후 그 땅을 어떻게 대했는지 너무나 잘 알고 있었기에, 그들이 쓸모 있는 자원을 어떻게 대했는지 알고 있었다. 자신들이 무력으로 차지한 땅에서 좋은 것 이라면, 그게 무엇이 되었든 자비 없이 가져가고 아낌없이 낭비해 버렸다. 그 땅에 살고 있는 사람도, 산의 등뼈를 이루고 있던 바위도, 숲을 이루고 사는 나무도, 우리와 함께 사는 동물들도, 무엇하나 놔두지 않고 강탈해 가는 것이 정복자였다. 그러나 로마는 다른 정복자들과 달랐다. 로마군의 짧은 칼은 저항 없이 굴복한 자에게 관대했다. 확실히 이전에 점령했던 바벨론, 페르시아 그리고 헬라와 달랐다. 로마 제국의 관대함에 더해서 예루살렘과 이스라엘 전국에 행해진 관대함의 뒷배경에는 에돔 사람 헤롯 왕이 있었다. 예루살렘의 종교 지도자들이 이방인이라며 멸시하던 헤롯 왕이 놀랍게도 그 일을 중재해 낸 것이다. 그가 이스라엘을 대표해 왕이 된 후 이 땅에서 더 이상 무자비한 착취도 끔찍한 전쟁도 없었다.

조금은 불안하고 이상한 형태였지만 평화가 시작되자 시내에는 사람들이 돌아오기 시작했다. 사람들이 돌아오자 도시는 금방 활력을 되찾았다. 새롭게 몰려든 사람들은 각자 다른 욕망을 품고 예루살렘으로 들어왔으며, 욕망이 모이자 돈도 사람과 욕망을 따라 모여들기 시작했다. 그렇게 돈이 모여들자 화려한 건물이 지어지기 시작했다.

화려한 건물은 더 많은 더 많은 사람을 끌어들였다. 그리고 그렇게 지어지는 화려한 건물 중에 예루살렘 최고의 건축물인 성전도 포함됐다. 막대한 뇌물을 로마에 바치고 계략과 음모로 이스라엘 왕의 자리를 차지한 에돔 사람 헤롯 왕은 자신을 싫어하는 이들의 욕망을 눈치 챘고, 그 욕망을 이용해 성전을 건설하기로 결정했다. 종교지도자의 환심만 얻을 수 있다면 로마를 매수했던 금액을 다시 채울 수 있을 것 같았다. 무엇을 해야 이익이 될지 결정되자 헤롯은 성전을 지을 건축자재부터 모으기 시작했다.

그 옛날 모든 자재를 다른 곳에서 다듬어서 망치 소리 없이 고요하고 거룩하게 건축되었던 '솔로몬의 성전'이나 '스룹바벨의 성전'과 달리 '헤롯의 성전'은 건축을 기획하고 명령한 헤롯 왕의 욕망을 닮아 자신을 뽐내려는 듯이 일반적인 방법으로 건설되기 시작했다. 이스라엘 장로들의 눈에 그 부분이 보이지 않을 리가 없었다. 그러나 건설방법이 어떠하든 이건 성전의 건축이었다. 조금 소란하고 불경스럽다고 해도 성전이 다시 지어지는 것이었다. 성전이 다시 지어진다는 소식은 이 땅에 존재하는 모든 나무와 돌들에게 전해졌다. 모든 사물들이 할 수만 있다면 들어가고 싶어 하는 그 곳. 사람이 만든 건축물 중 가장 성스러운 그 건축물, 성전이 다시 건축되기 시작한 것이다.

동산에 있던 나무들도 이 소식에 예외 없이 흥분했다. 그도 그럴만한 것이 늙은 올리브나무 알리바에게 들었던 전설 같은 이야기. 스룹바벨이 페르시아로부터 돌아와 성전을 다시 건축할 때 비록 이전의 '솔로몬의 성전'보다 화려하진 않았지만 분명히 신의 영광이 함께 했다는 이야기, 모리야산이 세상을 뒤덮었던 대홍수로부터 벗어났을 때, 땅위로 드러난 바위였다가 솔로몬이 지은 성전의 모퉁이돌이 된 그 바위로부터 전해들은 망치소리 하나 없이 성전이 만들어지고, 멀리 레바논에서 쭉쭉 뻗은 백향목을 가져다 물처럼 사용하고 모든 나무와 벽돌과 가죽과 천에 금과 은을 입혀서 완성 시킨 첫 성전이야기, 그런데 그 꿈같던 이야기가 지금 이곳에 멀지 않은 저 언덕 아래에서 현실로 일어나고 있는 것이다.

이스라엘 모든 어머니들의 소망이 메시아의 어머니가 되는 것과 같이 모든 돌과 나무들의 꿈은 성전이 되는 것이었다. 그러나 아직 오지 않았던 메시아는 누구나 품을 수 있는 소망이었던 반면에 성전은 완성된 채 그들 앞에 우뚝 서 있었다. 그래서 누구나 원했지만 아무도 성전이 될 수 없기에 그저 막연한 소망만 갖고 있었는데 무려 518년 만에 느헤미야의 성전이 헤롯의 성전으로 다시 지어진다는 것이다.

'혹시 이 날을 위해 지난 전쟁의 소용돌이에서 살아남은 건 아닐까?'

성전의 건축에 어울리지 않는 꽝꽝거리는 소음은 성전을 갈망하는 크루시스를 점점 더 흥분시켰다.

2. 겟세마네

"그래 저거야. 일은 저렇게 떠들썩하게 해야지."

보면 볼수록 매력적인 사람이었다. 이 땅의 출신도 선택받은 민족도 아니었지만, 그게 뭐? 아무려면 어때. 새로운 왕의 일하는 방식은 동산뿐만 아니라 인근 산지의 나무들에게도 좋은 평가를 받았다.

새로운 성전이 지어지고 있다는 소식은 당연히 모든 나무들을 들뜨게 만들었다. 궁전도 아닌 성전이다.

'이 곳의 건축자재로 사용될 수 만 있다면!'

'돌을 운반하는 받침목으로라도 사용될 수만 있다면!'

성전을 올리는 비계목으로 단 한 번 사용되고 버려진다 해도 기쁜 마음으로 몸을 내어줄 나무들이 줄지어 있었다. 성전은 나무들에게 그런 의미였다.

크루시스도 성전에 들어가고 싶은 수많은 나무 중 하나였다. 사실 크루시스는 누가 봐도 아주 훌륭한 나무였다. 게다가 크루시스는 자신의 가치를 아주 잘 알고 있었다. 어쩌면 조금은 지나칠 만큼 잘 알고 있었다.

그도 그럴 것이 살고 있는 동산뿐 아니라 예루살렘을 넘어 근방에는 크루시스 보다 똑바로 자란 나무도 없었고, 그보다 굵거나 키가 큰 나무도 없었다.

'가나안'이라는 지역의 특성상 적은 물과 뜨겁게 작렬하는 태양 아래서 성장하는 나무들은 필연적으로 가늘고 작게 몸을 만들어야 했고, 그나마도 힘들어 뒤틀리기 일쑤였다. 이 운명을 피해서 제대로 크는 나무들은 매우 극소수였는데, 그중 하나가 크루시스였고, 그런 잘 큰 나무의 운명을 이어받은 나무 중에서도 크루시스의 아름다움은 발군이었다.

주변의 나무들도 '우리 동산 출신이 성전에 들어갈 수 있다면 그건 크루시스, 네가 될 수밖에 없다.' 혹은 '네가 성전에 들어간다면 우리 동산의 큰 경사'라고 그를 부추겼다. 처음의 시작은 주변 나무들의 부추김에 의한 불안한 확신이었지만, 시간이 지날수록 점점 확실한 자신감이 되었고, 두께가 늘고 키가 커지면서 우쭐함은 확신으로 굳어졌고, 이제는 마치 새싹을 틔웠을 때부터 이미 정해진 운명처럼 느껴졌다.

'그래 내가 아니면 도대체 누가 성전에 재목으로 들어갈 수 있단 말인가?'

그런데 이렇게 모든 나무들이 설레며 성전을 바라볼 때 단 한 그루. 동산 가장 깊은 곳에 자리 잡고 있는 오래된 올리브 나무인 알리바는 여전히 조용했다.

"알리바 아저씨"

크루시스가 말했다.

"아저씨는 성전의 재건축이 행복하지 않아요?"

크루시스는 잘난 척을 하긴 하지만 못된 나무는 아니었다. 다른 나무들의 부추김을 우쭐한 기분으로 한껏 어깨가 부풀어 있지만 그렇다고 자신이 새싹일 때부터 살뜰히 보듬어준 알리바 아저씨를 무시하는 건 아니었다.

그래도 크루시스의 질문에는 어느새 베어버린 선택받은 자의 교만이 묻어있었다.

"난 말이야 크루시스, 여기가 좋아."

크루시스의 질문에 알리바는 천천히 말을 시작했다.

"여기에서는 예루살렘의 의미 없는 번잡함도 없고, 성전의 기둥이 되었다고 거들먹거리는 백향목도 안보이고, 가난하고 불쌍한 사람들을 속이고 또 속여서 그들의 피 값으로 배를 채우는 제사장과 서로의 행함을 비교하면서 잘난 체하고, 인생을 낭비하는 바리새파도 없으니까."

여기까지 말을 마친 알리바 아저씨는 정말 진절머리가 난다는 듯 온몸의 잎사귀를 부르르 떨었다. 알리바라고 해서 세상 모든 나무들의 소망을 모르는 건 아니다. 알리바는 다른 나무들의 소망을 이해하기 때문에 그들의 흥분 또한 이해했다.

그 역시 성전으로 가는 것이 얼마나 영광스러운 영예인지 잘 알고 있었다. 다만 그 성전에 들어가는 영광은 자신의 몫이 아니라고 생각할 뿐이었다.

"하지만 알리바 아저씨"

크루시스는 바람에 가지를 흔들며 말을 이어갔다.

"아저씨도 아시겠지만 이건 성전이라구요. 515년 만에 다시 짓는 성전이에요. 아저씨는 두 번째 성전이 지어지는 걸 보셨다면서요? 그때 아저씨도 가셨으면 좋아하셨을 걸요? 그리고 저렇게 높고 좋은 자리에 올라갔는데 어깨에 힘 좀 주면 또 어때요? 제사장들의 강도짓이 하루 이틀도 아니고, 우리 같은 나무들이랑 사실 상관도 없잖아요. 그들이 속이던 훔치던 무슨 짓을 하던 우리만 손 안대면 되죠. 사람끼리 서로 속고 속이고, 물고 물리는 것이 많이 있었잖아요. 우리가 알게 뭐예요."

크루시스는 말을 할수록 자신의 논리에 스스로 빠져들었다.

'그래 알게 뭐야 사람 따위.'

"이번 공사는 성전이라구요, 성전. 이제 전쟁이

끝나버려서 지난번 난리 때처럼 무기로 만들어지는 것도 아니잖아요. 사람을 죽이고 저주받을 걱정은 안 해도 된다고요. 선택만 된다면 성전에 들어가 금칠하고 영원히 영광스럽게 남을 수 있는 기회잖아요. 혹시 알아요? 우리가 성소나 지성소에 배치될지?"

흥분한 크루시스는 마치 종달새처럼 말을 쏟아냈다. 알리바 아저씨를 이해할 수 없었다.

성전보다 이런 작고 어두컴컴한 동산과 골짜기가 좋다니, 크루시스에게 이 동산은 일단 이름부터 맘에 안 든다. 겟세마네, '올리브유를 짜는 틀'이란 뜻이다.

알리바 아저씨와 같은 올리브 나무들이 잔뜩 살고 있는 동산이름이 '올리브유일 짜는 틀'이라니.

'겟세마네' 라는 이름이 어쩌면 알리바 아저씨에

겐 십자가 같은 의미 아닐까?

'아, 그래. 십자가.'

십자가는 모든 나무들이 가장 두려워하는 저주였다. 죽음을 언도받은 사형수에게는 가장 끔찍한 형틀이겠지만, 그 못지않게 나무들에게도 가장 처참한 저주였다. 특히 나처럼 곧게 뻗은 나무들은 십자가로 만들어 지는 건 최악의 공포이다.

세상을 만들고, 우리를 만들어주신 조물주가 오래전 사람들에게 할 일과 하지 말아야 할 일을 알려준 적이 있다고 한다. 그 여러 가지 중에 "나무에 매달린 자는 하나님께 저주를 받았음이니라(신명기21:23)"라는 이야기가 전해지고 있다.

그래서 나무들은 사람을 매달고 싶어 하지 않는다. 만약 나무가 사람을 달아매게 되고, 나무에게 매달린 사람이 결국 죽게 되면 사람을 향한 하나님의 저주가 나무에게까지 이어지게 된다고 나무들은 믿고 있다. 그건 곧 다시는 살아날 수 없는 영원한 죽음을 의미한다. 메시아가 몇 번을 온다고 해도 다시 살아 날 수 없는 영원한 소멸, 사람의 생명을 뺏는 것이 두려워 무기 손잡이도 되기 싫은데, 하물며 인간의 피를 덮어쓰고, 하나님의 저주까지 오롯이 받게 될 십자가라니, 상상하기도 싫다.

거기다 십자가형은 사람을 십자가에 팔을 좌우로 벌린 채 매달아 놓아 며칠 동안 천천히 고통 중에 피를 말려 죽이는 아주 극악한 형벌이었고, 그 형벌을 위해 고안된 틀이 바로 십자가였다. 오히려 올리브 열매를 단번에 으깨고 짓눌러 기름을 짜내는 올리브 기름틀, '겟세마네'가 십자가에 비하면 오히려 자비롭다고 할까? 그래서 십자가형을 위한 형틀의 재료가 되는 건 나무들에게 있어 산불로 불타버려 의미 없이 사라져 버리는 것보다 무서운 일이었다.

그나저나 이런 변두리 동산이 뭐가 좋다고 이곳이 좋다고 하시는 건지, 알리바 아저씨는 다른 키 작은 올리브나무들과 다르게 밑동도 두껍고, 뿌리가 튼튼해서 건축 재료로도 모자람이 없는데 말이다.

크루시스의 생각이 뿌리를 통해 전달된 걸까? 알리바 아저씨가 이야기를 이어갔다.

"난 내가 아는 나무들과 함께 알을 품을 둥지를 만들고, 짝을 만나 그 둥지에서 새끼를 키우는 새들을 돌보고, 단단한 흙을 뚫고 올라오는 새싹을 돌보며 살고 싶단다. 그리고 그것 말고도 여기에 자리 잡은 내가 알지 못하는 이유도 있을 거야."

3. 메시아

"이봐 이봐! 크루시스, 크루시스, 크루시스, 크루시스!"

까마귀 쇼파르였다. 날개보다 입이 부지런한 친구, 아직 해가 동쪽 하늘을 벗어나 다 떠오르지도 않았는데 어디까지 다녀왔는지 작은 가슴이 떨리고 있었다. 이번에는 또 어떤 소식일까?

쇼파르는 정말 희한한 까마귀였다. 원래 까마귀라는 새가 호기심이 많고, 똑똑하기는 하지만 쇼파르는 그 중에서도 독보적으로 호기심이 강했고 말도 많고 부지런했다. 성전이 새로 지어지는 일도, 로마군이 어떻게 세상을 정복하는지도 모두 쇼파르가 우리에게 알려줬다. 어떤 때는 바람보다 빠르게 소식을 가져왔다.

모르는 일도 없지만 아는 일도 없었다. 그리고 그가 아는 것을 모르는 나무들도 없었다. 쇼파르가 알게 되면 모두들 알게 됐고, 누군가 궁금해하면 쇼파르도 궁금해졌다.

쇼파르는 모든 일을 궁금해 했고, 궁금증을 참지 못했다. 모든 일을 알고 싶어 했고, 알고 있는 건 무슨 일이든 알려 주려고 했다. 그래서 공중의 바람들과 숲의 나무들은 그 까마귀를 쇼파르, '나팔'이라고 불렀다.

"지금 요단강에, 요단강에 이상한 사람, 아주 이상한 사람이 나타났어!"

여기서 요단강까지는 바람으로 반나절 거리이다. 그래도 그건 바람들이나 그렇고, 쇼파르의 날개 힘으로 다녀왔다면 하루는 꼬박 걸리는 길이었다.

아마도 쇼파르는 어제 요단강에 가서 시간을 보내

고 돌아오는 길 어디쯤에서 지친 날개를 접고 쉬다가 오늘 동이 트기도 전에 출발해서 이 동산으로 날아왔을 것이다. 그만큼 쇼파르의 호기심을 자극하는 무언가가 요단강에서 나타났다는 이야기이다.

"가죽옷을, 가죽옷을 몸에 걸친 깡마른 아저씨인데 천국이 가까워온다고 회개하라! 회개하라! 막 그러고, 높은 사람들한테도 막 손가락질 하고, 사람들을, 사람들을 가르치고 요단강에서, 요단강에서 죄를 사해준다고 하면서 물에 넣고 그러고 있어."

익숙한 이야기였다. 이 정도로 쇼파르가 그 먼 길을 달려오진 않았을 텐데, 왜냐하면 지금까지 그런 사람은 많았다. 하스몬 왕가가 물러난 이후 로마의 속국이 되자, 로마에서 이 땅을 해방 시켜준다며 사람들을 모아 폭동을 일으켰던 사람들이 한둘이 아니었다. 가슴에 칼을 품은 '젤롯파'의 사람들도 적지 않은 숫자였다. '드다'와 '유다'라는 지도자도 들고 일어나 로마와 싸우다 패하고 죽은 일이 있었다. 그리고 그런 사람이 나타나 사람을 모으고 로마와 싸울 때 마다 숲은 혹시나 다시 전쟁이 날까봐 숨 죽인 채로 지켜보곤 했다. 다행히 로마 군은 강했고, 반란 세력은 미미했기에 그때마다 별일 없이 끝나곤 했지만, 어쨌든 아침부터 썩 반갑지 않은 소식이었다.

"근데, 근데 이 아저씨가 메시아를 만났대!"

숲속 모든 나무들의 가지가 바람이 멈춘 것처럼 갑자기 멈추었다. 꼬마 새들의 먹이를 조르는 지저귐까지 들리지 않았다. 그 침묵이 얼마쯤 지났을까. 잠시 동안 설레는 긴장감을 뚫고 쇼파르가 계속 말을 이어갔다.

"가죽옷 아저씨가 어떤 남자에게 세상의 죄를 짊어지고 가는 어린양, 어린양이라고 말했어. 그런데 그 남자는 침례만 받고 사라졌어"

'사라졌다고?'

크루시스는 혼란스러웠다.

'메시아면 구원할 왕 같은 거 아닌가? 창조주가 아들을 보내주신다고 하지 않았던가? 가만 어린양은 또 무슨 소리지? 근데 사라졌다고 아니 왜?'

"그런데, 그런데 말이야 크루시스. 그 남자가 침례를 받고 물위로 올라올 때 '이 사람은 내 사랑하는 아들이며, 내가 기뻐하는 자요.' 라는 소리가 하늘로부터 들렸어, 그 주변에 있던 새들도 듣고, 나도 듣고, 비둘기도 듣고, 하여간 다 들었어."

'가죽옷 아저씨가 그렇게 까지 이야기했는데 그냥 사라졌다고?', '메시아를 기다리는 사람이 얼마나 많은데 사라졌다니, 이건 또 무슨 이야기지?' 메시아가 나타났다는 소문만 들어도 사람들은 구름처럼 몰려들었다. 대부분은 자칭 메시아이긴 했지만.

그런 일이 반복되자 사람들의 기대를 만족시키지

못하는 자칭 메시아들로 인해 세상의 실망은 쌓여갔고, 사람들의 호기심과 소망도 줄어들었다. 그렇다 해도 여전히 메시아의 등장은 아주 흥미로운 일이었다. 적어도 이곳 예루살렘에서는 말이다. '게다가 하늘에서 말소리까지 들렸다며.'

오래된 일이긴 한데 약 30년 전 이곳에서 가까운 베들레헴에서 비슷한 이야기가 돌았다. 정확한 날짜까지 기억나지 않지만, 그날 밤 하늘을 밝게 비추던 별빛 덩어리를 동산의 모든 나무가 분명히 기억하고 있다.

그 빛이 얼마나 밝고 강렬했는지, 아침이 온 것 같아 많은 나무들이 잠을 깼다. 저 잠꾸러기 떡갈나무마저 눈을 비비며 일어나 기지개를 키면서 잎을 활짝 펼쳤다.

그날의 그 빛도 메시아와 관련이 있었다는 소문이 돌았다. 별빛 덩어리 사건이 있고 얼마 뒤에 매어진

줄이 끊어져 정처 없이 헤메다가 마구간으로 돌아가는 길을 잃어버린 당나귀가 이곳 겟세마네까지 온 적이 있었는데, 그 당나귀는 자신의 구유를 갓 태어난 아기에게 내어주었고, 들에서 양을 치던 목자가 찾아와서 절을 했으며, 그 뒤를 이어 낙타를 타고 온 아주 좋은 옷을 입은 이방인들이 찾아와서 자신의 먹이통에 누워있는 아기에게 이것 저것 예물을 드리고 절까지 하고 갔다고 이야기해줬다.

그러나 그 아기도 곧 사라졌다. 성전에 나타나 봉헌식까지 했던 그 아기는 헤롯 왕의 어이없는 명령 아래 베들레헴에서 죽었다.

'메시아' 즉, '구원의 왕'이 태어났다는 이야기에 겁을 집어먹은 에돔 사람 헤롯 왕은 베들레헴에서 태어난 2살 이하의 아기들을 모두 죽이라고 잔인한 명령을 내렸다. 혹시라도 그 아기가 자라면 정통성 없는 자신의 왕위가 위태롭게 될까봐 걱정한 탓이었다.

돈이 없어 작은 여관방 하나도 빌리지 못해서, 그 더러운 마구간에서 말과 나귀의 여물을 넣어두는 나무통에 겨우 아기를 눕혔던, 힘도 없고, 돈도 없는 그 가난한 부부가 무슨 수로 헤롯 왕 군대의 잔인한 칼날을 피할 수 있단 말인가.

동산의 모든 나무들은 그날, 그 끔찍한 소식에 다들 치를 떨었다. 사람들은 정말 무섭고 잔인했다. 아이가 헤롯 왕에게 무슨 짓을 했단 말인가. 그 연약한 아기가 헤롯의 왕국에 무슨 위협이 된단 말인가.

갓 태어난 아기는 헤롯 왕에게 어떤 해를 입히지도 않았지만 단지 의심만으로 베들레헴에 있던 다른 아기들과 함께 비참한 최후를 맞이했을 것이다.

"쇼파르"

두려운 기억 속에 사라진 그 남자를 궁금해 하고 있을 때 침묵을 깨트린 건 알리바 아저씨였다.

"여기"

알리바 아저씨가 잘 익은 올리브 여러 개를 쇼파르에게 내밀었다.

"쇼파르, 그 사라졌다는 남자, 그 남자를 좀 더 알아봐다오. 그가 정말 어린 양이라면 결국 다시 나타나게 될 테니까."

어느새 올리브 열매를 입에 털어 넣은 쇼파르가 마지막 한 알을 삼키고 말했다.

"그럼요. 그럼요 알리바. 제가 누구에요. 저 쇼파르에요. 궁금한 건 절대 못 참는 쇼파르라구요, 알잖아요 알리바. 제 날개 아래 사라진 소문은 있을 수 없다구요."

4. 지목되다

 반갑지 않은 소문이 들려왔다. 성전이 거의 완성 단계에 접어들었다. 크루시스는 마음이 급해졌다. 성전은 지어지면 다시 손을 보기까지 얼마나 걸릴지 모른다. 이번에 완성되고 나면 다시 성전 안에 발을 들어놓을 기회는 없을 것이다.

 성전이 지어진다고 할 때 크루시스에게 응원을 보내던 동산 안의 다른 나무들도 성전의 건축이 거의 완성되어 감에 따라 관심이 줄기 시작했다.

 처음에는 자신들도 갈 수 있다는 희망에 열광 했지만 하나 둘 성전의 자리가 채워지면서 현실을 알게 되어서였을까. 이제는 동산 안에서 성전의 진행 상황에 관심을 갖고 애타게 바라보고 있는 나무는 크루시스만 남은 것 같았다.

'그냥 자리나 차지하는 바보들'

크루시스는 생각했다. 그저 뿌리 끝에 닿아있는 물이 마르지 않기만 바라고 있는 그들이 한심스럽게 느껴졌다.

'어떻게 저렇게 야망이 없을 수 있지.'

함께 자라온 나무들이 아니었다면 크루시스는 속마음을 감추지 않았을 것이다. 물론 크루시스는 그깟 물 따위만으로 절대 만족할 수 없었다.

'아무렴 이렇게 훌륭하게 자란 나무를 그냥 둘 리가 없어. 이런 재목에게 눈을 돌리지 않는 건 내가 용납할 수 없다고, 내가 크루시스인 것처럼 사람들도 바보가 아닐거야.'

쇼파르는 그 후로도 그 남자에 대한 새로운 이야기를 열심히 가져왔다. 아마도 올리바 아저씨의 열매가 탐이 나서였겠지만, 쇼파르가 그 남자를 향해 갖고 있는 호기심도 대단했다.

덕분에 겟세마네 동산의 나무들은 누구보다 많은 이야기, '메시아'라고 불리는 그 남자에 대한 이야기를 풍부하게 접할 수 있었다. 그런데 그 남자에 대한 이야기는 그전에 자칭 '메시아'라고 주장했던 사람들의 그것과 달랐다.

크루시스도 짧지 않은 세월을 견뎌낸 나무였는데, 그런 나무의 삶을 걸고 돌아봐도 쇼파르가 전해오는 이야기들은 다 처음 듣는 이야기였다. 그 남자 앞에 병을 갖고 찾아간 자들 중에 병 고침을 받지 못하고 돌아간 사람이 없다는 이야기도 물론 놀라웠지만 병든 자 중에서 문둥병자를 고쳤다는 이야기는 믿기 힘들 정도였다.

거기다 눈 먼 자와 걷지 못하던 자까지 일으켰다는 이야기는 직접 보고 온 쇼파르가 아무리 보증을 해도 선뜻 믿을 수 없었다. 그 이야기 중 알리바 아저씨가 특히 흥미를 나타낸 이야기는 한 아이의 도시락으로 수많은 사람을 배불리 먹고 몇 광주리나 음식이 남았다는 이야기였다.

그 기적에 흥분한 사람들이 그 남자를 왕으로 추대하려 하자 침례 후 40일간 사라졌듯이 다시 온데간데없이 잠적해 버렸다는 것이었다. 알리바 아저씨는 이 이야기가 이상한 듯 몇 번을 듣고 또 들려달라고 쇼파르를 재촉했다.

확실히 그 남자는 메시아 주장자들과 달랐다. 무엇보다 왕이 될 기회를 거듭 고사하는 행동은 알리바 아저씨뿐만이 아니라 이곳 동산의 나무들 사이에서도 화제가 되었다. 왜냐하면 오랜 세월을 이곳에 서 있으면 좋든 싫든 이곳을 지나가는 바람과 땅속을 흐르는 물들을 통해 무수히 많은 사연을 전해 듣게 된다.

바람과 물들이 이야기 해주는 사람들, 그러니까 세상의 마음을 얻은 영웅이라는 사람들, 그들은 하나같이 권력에 대한 갈망을 그럴듯한 이야기로 포장한 사람들이었다. 바람과 물이 전해주었던 모든 영웅들은 빠짐없이 권력을 잡을 수 있을 때 거부하지 않았기 때문이다. 기회를 거부하기는커녕 한 줌의 권력이라도 더 잡기위해 더 많이 속이고 더 많이 공포를 일으키곤 했다.

그런데 그 오랜 세월, 그 많은 이야기 속에서 이 남자와 같은 이야기는 들은 적이 없다. 어떤 사람이든 다른 사람들의 마음을 얻으려 하는 이유는 사람들에게 마음을 얻고, 얻은 마음으로 사람들의 눈을 속이고, 눈을 속인 후 그들이 정말 원하고 소망한 더 큰 권력을 얻기 위해 사람들을 이용하기만 했기 때문이다.

세상이 영웅이라 말하는 사람들에게 세상 사람들은 그저 좀 더 올라가기 위한 발판일 뿐이었다. 그들은 권력을 사랑하지 사람들을 사랑하지 않았다.

하지만 그 남자는 그렇게 하지 않았다. 병을 고치고, 먹을 것을 해결하는 능력에 반해 자신을 왕으로 추대하려는 분위기를 이용하기는커녕 오히려 자신이 세우려는 세상에 대해 '따르는 자들이 원하는 그런 세상이 아니다.'라고 확실하게 밝혀버렸다.

쇼파르는 이렇게 덧붙였다.

"수많은 사람들, 심지어 제자들도 그 남자의 이런 행동과 말 때문에 떠나고 있어."

나무들도 야곱의 자손, 유다 지파에서 세상을 구원할 별이 나온다는 것을 알고 있었다. 메시아를 기다리는 건 사람들뿐만이 아니었다. 온 세상 만물이 다 메시아를 기다리고 있었다. 강한 메시아를 원하고 소망했다.

특히 가나안 땅에 뿌리내린 우리에게 필요한 왕은 세상을 정복하고 이스라엘을 세계 최고의 국가로 만들어줄 힘세고 용맹한 군주였다. 다윗의 자손이라면, 다윗의 유업을 물려받을 다윗의 후손이라면, 위대한 왕 다윗처럼 온 세상을 그 칼날 아래 굴복시켜야 하지 않겠는가? 그런데 그 남자는 자신의 길이 그렇지 않다는 걸 공공연히 말하고 있다. 가죽옷 아저씨의 선언이 잘못된 건 아닐까? 정말 이 사람이 메시아란 말인가?

하지만 거기까지였다. 쇼파르의 이야기에 크루시스는 더 이상 흥미를 느낄 수 없었다. 지금 그 사람이 메시아인지 아닌지는 그리 중요한 이야기가 아니었다. 요단강 침례 이후 3년 6개월이 흐르면서 성전의 공사는 그 전보다 확연히 진행되어 있었다.

크루시스는 성전에 들어갈 수 있는지, 없는지의 여부가 유일한 관심사였고, 단 하나의 소망이었다. 성전에 들어가고 싶은 소망은 간절함을 넘어 갈망이 되더니 어느덧 욕망으로 변해있었다. 성전에 들어만 갈 수만 있다면 크루시스는 무슨 짓이든 할 수 있었다.

그렇게 그 남자에 대한 크루시스의 흥미가 줄어들고, 쇼파르의 날개소리도 함께 줄어들던 어느 날이었다.

"크루시스"
"네. 알리바 아저씨"

정말 오래간만에 오후 내내 햇빛을 가리던 구름에 넘어가는 햇살이 하루의 마지막을 구름에 투영시켜 붉은 저녁노을이 예루살렘 서쪽을 물들이고 있었다. 그 노을빛에 겟세마네도 붉게 물들였고, '마카비 전쟁' 이후 겟세마네에서 가장 오래된 나무가 된 알리바 아저씨까지도 새빨간 저녁노을 때문에 마치 타오르는 것처럼 붉게 보였다.

"크루시스, 네가 곧 이곳을 떠날 것 같구나."

눈치 빠른 크루시스는 그 이야기의 숨은 뜻을 바로 알아차릴 수 있었다.

"정말요? 친구들에게 무슨 이야기라도 들으셨나요?"

크루시스는 알리바 아저씨에게 간절함을 담아 바라보았다. 하지만 알리바 아저씨의 답변은 더뎠다.

"얘기해 주세요. 제 소원이 뭔지 아시잖아요!"

알리바는 조심스럽게 말을 이어갔다.

"남쪽에서 들려오는 이야긴데 사람들이 다시 나무들을 모으기 시작한다는구나. 곧게 뻗은 나무들을."

정말 소망했기에 뜻밖인 소문에 크루시스는 흥분을 감출 길이 없었다. 가늘게 떨리는 잎사귀를 통해 크루시스의 기쁨이 드러났다. 그러나 알리바 아저씨의 잎사귀는 아름다운 노을빛과 달리 기운이 없었다.

"그 어떤 이유의 벌목도 맘에 들지 않았다만 이번 벌목은 정말 맘에 들지 않는구나."

하지만 알리바 아저씨의 걱정과 달리 벌목이 다시 시작되었다는 소식은 크루시스를 정말 행복하게 만들었다. 전쟁은 오래전에 끝났다. 지금 나무를 모으는 건 건축재료 말고는 없다. 불이 필요한 지방도 아니었다.

땔나무가 필요한 것도 아니다. 아니, 세상에 어떤 바보가 나처럼 잘 자란 나무를 겨우 불을 피우는 땔나무로 사용한단 말인가. 생각이 여기까지 미치자 기대는 확신으로 변했다.

'그래 난 드디어 성전으로 가는 거야.'

'이제 내 운명대로 성전이 되는 거야.'

붉게 타오르던 해는 이미 동산 아래로 넘어갔다. 구름을 아름답게 물들여 노을을 만들었던 햇빛도 점점 그 힘을 잃어갔다. 불이 붙은 듯 타오르던 알리바는 이제 검게 보였다. 내일 해가 뜰 때까지 숲은 고요하게 잠들 것이다.

"그래 크루시스. 부디 소망하는 바를 이루기 바란다. 어느 곳에 가든지 무엇이 되든지 이 동산을 기억해다오."

알리바 아저씨의 목소리는 어느덧 잠겨있었다.

"그럼요 알리바 아저씨. 아저씨의 그 달콤한 올리브를 제가 어떻게 잊겠어요. 걱정하지 마세요."

5. 골고다언덕

"나무는 죄가 없어."

전나무 아비스였다. 다른 나무들도 사람을 좋아하는 경우보다 싫어하는 경우가 많지만 아비스는 정말 사람을 싫어했다. 먼저 살고 있던 숲에서 무슨 일을 겪었던 것일까?

아비스의 이야기에 따르면 사람으로 인해 나무들이 고통을 받고 있고, 사람이 나무를 통해 죄를 지어 놓고 정작 그 죄를 나무에게 덮어씌운다고 말했다. 야적장의 나무들은 아비스에게 심정적인 동의를 보내고 있었다.

"잘 생각해봐, 사람을 죽이는 건 나무가 아니야. 사람이 나무를 무기로 만들어서 사람을 죽이는 일에 사용하는 거야. 우리에게 무슨 의지가 있어, 나무를 무기로 사용하는 사람 때문에 왜 우리가 살인자가 되어야하냐고, 그들끼리 무슨 짓을 하든 우리는 아무 책임이 없는거야."

"아, 또 시작이네. 시끄러워! 쓸모없는 나무들의 쓸모없는 이야기!"

세드리나가 나섰다. 세드리나는 백향목으로 유명한 레바논 출신이었다. 말투는 차가웠으나 설득력이 있었다. 거기다 그 쪽 출신 나무들이 그렇듯 세드리나 역시 매우 아름다웠고, 그 아름다움은 권위를 담고 있었다.

"이봐 아비스, 늘 이야기하지만 이 생활을 빨리 끝내는 것이 우리에게는 가장 중요한 문제야. 저 동네 샌님의 소원대로 성전이 되든, 재수 없게 로마의 군함이 되어 바닷물에 쩌들어 가든 하다못해 새로 짓는 건물 문짝이 되든 빨리 선택되어야 해. 그래야 이

야적장 신세를 벗어나서 뭐든 될 거 아냐. 여기에 이렇게 머물러 있다가는 태양열에 노출되고 비를 맞으며 있다가 뒤틀려 버리면 바로 땔나무로 팔려나가는 거야. 뭘로 변하든 적어도 나무로 남길 바란다면 빨리 선택받아 빠져나갈 궁리나 해. 우리 손에 잡히지도 않을 '구원'이란 요상한 것에 희망을 걸지 말고."

세드리나는 늘 뭐가되든 상관없다고 말하곤 했다. 불에 타서 없어지는 것보단 뭐든 되는 것이 나은 것이라고 이야기 했다. 그래, 그 말이 맞다. 우리가 무엇으로 만들어지든 우리의 본질은 나무일 뿐이었다. 모양이나 형태의 변화가 있겠지만 훨훨 타서 없어지지 않는 한 우리는 나무였고, 앞으로도 나무일 것이다.

"이봐 크루시스. 넌 성전의 재료로 선택되었다며 왜 아직까지 여기 있는 거야?"

아비스는 세드리나 때문에 머쓱해지자, 크루시스

쪽으로 화제를 돌렸다.

"아비스. 여기 있는 우리 나무들을 봐. 누구하나 빠지는 나무가 있나. 비록 지금은 볼품없이 이렇게 아침에 이슬을 맞고, 새똥도 맞고 있지만 천천히 우리 안의 수분이 적당히 말라서 우리가 적당히 단단해지면 다 같이 성전으로 옮겨질 거야."

크루시스는 한껏 몸을 펴면서 이렇게 말했다. 크루시스는 나무들의 마음을 잘 알고 있었다. 다들 기대보다 오랫동안 야적장에 누워 있다 보니 날카롭게 변했다. 그러나 이곳에 있는 나무 중 단 한 그루도 성전을 원하지 않는 나무는 없었다. 서로 말로는 이러니저러니 해도 성전 행을 꿈꾸지 않은 나무는 없었다.

크루시스가 성전이라는 말을 꺼내자마자 나무들은 각자 품고 있던 성전에 대한 이야기를 꺼내기 시작했다. 나무들 중에는 처음부터 성전 행을 꿈꾸던 나무도 있었고, 여기에 와서 주변의 분위기에 설득

돼 성전을 갈 수 있다는 희망을 갖게 된 나무도 있었다. 지척에 성전이 있다는 것만으로 나무들의 욕심은 커져갔다.

성전, 그건 모두의 꿈이었다. 거기다 이곳은 예루살렘 도시 안에 있는 언덕이었다. 이곳에서 내려다보면 쇼파르가 알려주지 않아도 도시 한가운데 있는 성전 내부의 사정이 한눈에 들어왔다. 소문대로 성전은 거의 막바지 단계였다. 성벽은 점점 확장되었고, 성전의 장식은 크루시스가 처음 이 언덕에 왔을 때보다 더 화려해졌다.

공사가 진행될수록 나무들이 더 많이 필요해 졌다. 지금도 많은 나무들이 풍족하게 사용되며 성전을 아름답게 꾸미고 있었다. 그 모습은 야적장 나무들에게 성전을 점점 실현 가능한, 가지가 닿을 수 있는 꿈이 되어주고 있었다.

나무들이 쌓여있는 이 언덕은 성전을 사이에 두고

겟세마네와 마주보는 위치에 있었다. 다윗을 비롯한 역대 이스라엘 왕들의 묘실이 있는 무덤도 이 언덕에서 성전을 통해보면 바로 보였다. 무덤을 마주보고 있는데다가 모양마저 사람의 해골을 닮아서 이 언덕의 이름은 '골고다'였다. 사람들 눈에는 언덕의 지형이 그렇게 보이는 모양이다.

그리고 이곳은 예루살렘의 안에서도 가장 메마른 땅이기도 했다. 있는 것이라고는 뜨거운 뙤약볕과 먼지뿐이었다. 골고다 언덕 쪽으로는 사람들의 왕래도 별로 없었다. 하지만 그런 이유로 생나무가 쓸 만한 목재로 변화되는데 이만한 장소가 없기도 했다.

이런 환경은 물과 그늘이 충분했던 겟세마네 출신 크루시스의 마음에 당연히 들지 않았다. 하지만 이곳은 겟세마네보다 성전에 더 가까웠다. 이곳에서 내려다보면 반짝거리는 화려한 성전에 마음을 빼앗기지 않을 수가 없었다. 특히 태양이 넘어갈 때 종종 만들어내는 노을은 성전의 벽을 붉게 물들이곤 했다.

그럴 때마다 금으로 장식된 성전은 이 세상의 그 어떤 건물보다도 아름다웠다. 로마 제국의 수도인 로마 시 전체를 놓고 봐도 이 작은 성전 하나만은 못했다. 그런 아름다운 성전을 바라보면 볼수록 어떻게든 저곳에 들어가고 싶다는 야적장 나무들의 소망과 갈망은 더 깊어졌다. 만일 크루시스가 사람이었다면 크루시스는 성전과 사랑에 빠졌을지도 모를 일이었다.

그날도 그런 평범했던 날 중 하나였다. 어제와 다르게 도시가 술렁거리고 있었다. 이 세상 모든 사람들이 한곳으로 몰려들고 있었다. 아이도 어른도, 지도자와 시장 상인들과 이 땅에서 태어나 살고 있는 유대인뿐만 아니라 해외에 흩어져 살던 '디아스포라'까지 모두 한곳을 향해 모여들고 있었다.

유월절을 준비하고 맞이하기 위해 모여들었던 그 수많은 사람들이 마치 로마의 압제로부터 벗어나 마치 해방이라도 한 듯이 한 마음 한 목소리로 행복에 겨워 무엇인가를 외치고 있었다. 처음에는 구별하기 힘들었지만 곧 나무들은 그 소리의 의미를 알 수 있었다. 소리는 점점 뭉쳐서 거대한 파도가 되어가고 있었다.

"크루시스! 크루시스!"

쇼파르였다.

"그 남자야! 그 남자가! 메시아가 예루살렘에 나타났어! 메시아가 나타났다고!"

쇼파르는 너무 흥분해서 마치 물에 빠진 것처럼 날갯짓을 하고 있었다. 그 모습은 흡사 저 아래 예루살렘 거리에서 종려나무 가지를 꺾어들고 아무렇게나 팔을 휘두르는 사람들 같았다.

"다 나왔어. 다 나왔어 사람들이 나왔다고, 길에

온통 사람들 투성이야. 사람들이 자기 옷을 벗어 길을 덮어버렸어. 완전히 덮어버렸다고, 그 남자가 지나갈 때 마다,그 남자가 타고 가는 나귀가 흙을 밟지 못하게, 나귀가 땅을 밟을 틈이 없어. 지나가는 길마다 사람들이 깔아놓은 옷으로 덮여있어. 아이들은 종려나무 가지를 들고 그 남자를 따라가며 노래하고 모든 예루살렘 여자들은 춤추고, 다 같이 '호산나', '호산나'를 외치고, 처음 봤어, 이런 모습은 태어나서 처음이야!"

쇼파르의 이야기가 아니어도 예루살렘이 어떤 상황인지 이곳에서도 잘 알 수 있었다. 말 그대로 예루살렘은 끓어오르고 있었다. 거대한 도시 예루살렘이 그리고, 온 유대 민족이 지금 한 사람을 위해 단 한 명의 사람을 향해 바로 그 남자로 인해 그 어떤 노을보다 붉게 타오르고 있었다.

6. 음모

 이번 유월절이 끝나면 이곳에 모여 있는 나무들은 모두 성전으로 옮겨진다는 소문이 들려왔다. 드디어 그렇게 고대하던 성전에 들어가게 되는 것이다. 투덜거리던 아비스는 물론이고, '어디로 가서 뭐가 되든 상관없다.'라고 하던 세브리나 마저 설렘을 감추지 못했다.

 정상적인 상황이었다면 세브리나는 몰라도 아비스는 성전 안에 들어갈 재목은 못 되었다. 그런 점은 크루시스에게 불만이었고 종종 이야기 중에 조금씩 드러나긴 했지만 다른 나무들은 크루시스가 자신들보다 좋은 목재인 것을 인정했기에 별다른 충돌은 없었다. 어느 때 보다 아침 햇살에 숨겨져 찬란한 실루엣을 자랑하는 아름다운 성전을 바라보며 크루시스는 생각했다.

'아무렴 어때, 성전에 들어가면 그들과 나는 격이 다른 대우를 받을 텐데. 성전 안의 기둥이나 대들보를 넘어 성소나 지성소까지 들어갈지도 몰라.'

나무들의 수근거림이 들려왔다.

"그런데 말이야 소문처럼 우리가 성전에 들어가게 되면 지금 예루살렘에 와 있는 저 남자가 그 전설 속의 왕이 되겠지?"

"듣고 보니 그렇네, 그러면 우리는 그토록 오래오래 기다려왔던 그 분을 모시는 성전이 되는 건가?"

"왜 아니겠어, 얼마 전에는 죽은 사람까지 살려 내셨다더라구, 문둥병이나 눈 먼 사람은 당연하고 말이지, 걷지 못하는 사람도 고치고, 소년 한 명이 먹을 음식으로 수천명을 먹이기도 하셨대. 저 남자는 우리가 그토록 기다리던 메시아가 틀림없어."

"이야! 우리가 메시아를 모시는 성전이 된다니!"

곳곳에서 설렘을 못 이겨 환희에 가득 찬 목소리들이 터져 나왔다. 성전에 들어가기만 해도 영광인데 진짜 메시아를 모시는 성전이라니, 이제 그 남자가 왕이 되면 전해 내려오는 예언처럼 이 곳 성전은 온 세상의 중심이 될 것이고, 많은 사람들의 경배로 인해 커다란 영광을 받게 될 것이었다.

지금처럼 로마의 압제에 눌려 귀한 모든 건 로마가 뺏어가지 않을까하고 소심하게 눈치나 보는 그런 별 볼 일 없는 종교나 상징하는 작은 성전이 아니라 메시아가 세상의 왕이 된 이 세상 최고 나라의 영광과 존귀의 자랑스러운 성전이 되는 것이었다. 만약에 그 남자가 정말 메시아라면.

'유대인들 사이에서 전해지던 이야기가 진짜였구나.'

크루시스는 잊고 있던 이야기가 생각났다.

'화려함은 처음 성전만 못하지만 영광은 두 번째 성전에 임한다는 이야기, 그게 두 번째 성전인 스룹바벨이 세운 이곳에 진짜 메시아가 왕이 될 때 사용될 성전이라는 이야기였구나.'

생각이 여기까지 미치자, 크루시스는 자신의 몸을 자랑스럽게 돌아봤다. 물이 충분하지 않은 열악한 환경 안에서도 크게 자라고 뒤틀리지 않고 바르게 자란 자신이 너무나도 대견했다.

'만일 내가 한눈을 팔았거나, 한 번이라도 물줄기를 찾는 일을 가볍게 여겨서 뿌리를 뻗어야 하는 고통을 이겨내지 못했다면, 나는 크기가 모자라거나 중간 어디쯤이 뒤틀렸을 테고, 그랬다면 난 이 자리에 선택받지 못했을 거야.'

지나친 행운이 함께한 아비스와 같은 저급한 다른 나무들과 함께 성전에 들어가는 것이 크루시스 에게는 억울할 만도 했다. 그때 크루시스는 성전에 들어가는 것이 자신의 치열한 삶에 대한 당연한 보상이라고 느꼈고, 자신과 함께 야적장에 놓여있는 다른 나무들은 그저 재수가 좋았을 뿐이라는 생각을 하였다.

또한, 크루시스는 예전처럼 레바논 백향목에 준하는 엄격한 심사를 거친다고 해도 세브리나가 떨어지면 떨어질까 단연코 자신만은 성전에 들어갈 수 있다고 자부했다. 그래서 크루시스는 '이왕 이렇게 된 거 차라리 엄격한 심사로 들어갈 만한 나무만 선택되어 성전에 들어가면 안 될까'? 라는 교만한 생각을 하게 되었다.

"크루시스, 넌 성전에 들어가면 뭐가 될거야?"

세브리나였다. 크루시스는 자신의 마음이 들킨 걸까 놀랐지만 아무렇지 않은 척 대답을 해냈다.

"어, 나는 성전 기물의 손잡이만 되도 좋겠어. 조

금 가림막을 잡아주는 대들보가 되고 싶어."

"역시 크루시스. 나는 그저 성전의 창고에 다음을 위한 재목으로 남겨지기만 해도 감사할 것 같아."

아비스가 대화에 끼어들어왔다.

'아비스는 그럴지 몰라도, 난 그 정도로는 만족 못해.'

크루시스는 생각했다. 성전에 들어가기만 해서는 크루시스의 욕망을 채워질 수 없었다.

유례없는 흥분에 사로잡힌 예루살렘처럼 메시아가 이 도시에 5일 동안 골고다 언덕위의 나무들도 그 남자가 사람들의 예상처럼 메시아였고, 그래서 그 남자가 정말로 이 땅의 왕이 되어 강력한 제국으로 성장한 유대 민족의 나라와 그렇게 강력해진 제국에 걸맞게 새롭게 지어질 더 멋있는 성전으로 들어가게 될 그 날을 꿈꾸며 크루시스는 상상 속에서 행복해 하고 있었다.

바로 그날 밤이었다.

그 남자가 단 몇 명의 제자와 함께 겟세마네 동산에 오래오래 머물러 있다는 소식이 들려왔다. 그 남자가 겟세마네에 자주 기도하러 왔기 때문에 야적장은 그 소식에 별다른 감흥이 없었다. 그 남자가 알리바 아저씨 옆에서 고통의 신음소리를 내며 많은 땀을 흘렸고, 무언가 무서운 공포 속에서 기도했다는 이야기가 전달되었을 때도 야적장은 고요했다.

그러나 그 남자가 횃불을 든 무리들에게 잡혀갔다는 이야기가 들리자 야적장 나무 중 그 누구도 잠을 이룰 수 없었다. 게다가 그 남자가 악명 높기로 유명한 전 대제사장 가야바의 집과 로마 총독의 관사와 두 번째 헤롯 왕에게 새벽부터 아침까지 끌려 다니고 있다는 것이다.

나무들은 모두 알 수 없는 두려움에 빠져 잠을 잊어버렸다. 어제 해가 지기 전만해도 상상하지 못했던 일들이 그날 밤 사이에 벌어진 것이다.

'그 남자가 메시아가 아니었나?'

'산헤드린은 왜 그 남자를 잡은 것일까?'

'그 남자가 무슨 죄를 지었나?'

'그렇다면 그 남자의 죄는 무엇일까?'

'그들은 왜 그 남자를 괴롭히는 걸까?'

'도대체 이것이 무슨 일 일까?'

조금 전 만해도 그 남자가 메시아가 맞고, 메시아와 함께 성전에 들어가게 되는 꿈을 꾸던 나무들이었다. 하지만 답을 찾을 수 없는 산헤드린의 행동과 쓸데없이 찬란하게 올라온 햇빛 때문에 피할 수 없는 불안함이 골고다 언덕으로 올라왔다.

드디어 아침이 완전히 밝아지자 쇼파르가 나타났다.

"크루시스! 크루시스! 크루시스! 그 남자를 죽인대! 사람들이 총독에게 몰려가서 막 위협했어. '만일 그 남자를 풀어주면 총독은 로마에 불충한 사람'이라며 총독에게 가서 막 협박을 했어."

많은 사람들이 아우성을 치며 로마 총독을 겁박했고, 그것에 굴복한 총독이 메시아에게 사형을 언도했다는 것이다. 그리고 사형의 방법으로 십자가형이 결정되었다고 했다. 재판의 결과를 듣고 나무들은 어리둥절해 있었다.

불과 며칠 전만 해도 그 남자는 크루시스가 봤었던 그 어떤 왕보다 더 큰 지지를 받고 있었는데 어떻게 이런 일이 생길 수 있을까. 성전을 뚫고 올라오는 눈부신 햇살 때문에 크루시스는 더 정신을 차릴 수가 없었다.

"그런데, 크루시스..."
쇼파르의 목소리가 작게 떨렸다.

"십자가를 이 언덕에 새운대. 여기 골고다에."

7. 금빛 성전

소식을 전하던 쇼파르가 이야기를 다 끝내기 전에 후 두둑 날아올랐다. 이 곳 저 곳에서 나무를 모아 놓던 며칠을 빼고는 사람이 거의 다니지 않아 인적이 끊어졌던 황량한 언덕에 갑자기 사람들이 나타났기 때문이었다.

그들은 나무들이 놓여있는 장소로 성큼성큼 빠르게 다가왔다. 연장을 들고 있는 몇 몇 사람이 보였다. 성전으로 가는 건축 재료를 가져가기 전에 완전히 다듬어서 성전 안에서는 제 자리에 맞춰놓기만 해서 공사장의 소음이 들리지 않게 하는 방법이 전통적이었다.

그러나 헤롯 왕이 반대파의 인심을 얻기 위해 시작한 이번 성전 공사에서는 그런 조심성 따위는 없었다. 그러다 보니 대부분의 재료들은 성전 안으로 가지고 들어가 다듬었다. 그래서 톱이나 망치와 같은 목재용 연장을 들고 다니는 인부는 거의 없었다.

그런데 이번에는 사람들이 연장을 들고 오고 있었다. 그건 곧 현장, 바로 이 야적장에서 무언가를 급히 만들어야 한다는 걸 의미했다. 불안한 마음으로 사람들을 바라보는 중에 무리를 데려온 사람이 나무를 지목하자 사람들이 달려와 나무를 끄집어냈다.

크루시스였다.

급하게 십자가형이 결정되다 보니 준비된 십자가가 없었다. 축제가 시작되기 전에 확정된 사형수는 로마를 대항한다는 말로 사람들을 속이고 오히려 폭행하고 죽였던 바라바파의 우두머리 3명이었다. 그래서 십자가는 3개가 필요했다.

그런데 십자가는 두 개만 준비되어 있었다. 왜냐

하면 사형집행일이 아직 결정되지 않았기 때문이었다. 그리고 유대 민족의 가장 큰 축제인 유월절이 코앞이었다. 그런 축제를 앞두고 사형이 집행될 리도 없었다. 그렇기 때문에 나머지 십자가는 서둘러 만들 이유가 없었다. 천천히 그때의 상황에 맞춰서 준비하면 될 일이었다.

그러나 산헤드린의 고소로 시작된 잔인한 소동은 산헤드린이 고소한 그 남자를 죽여도 좋다는 로마 총독의 허락이 떨어질 때까지 계속 되었고, 죽여도 좋다는 사형선고가 떨어지고 나서야 산헤드린의 장로들은 십자가가 준비되어 있지 않았다는 것을 알게 되었다. 하지만 사형을 미룰 수는 없었다. 어떻게든 오늘 안으로 모든 일을 끝내야만 했다. 오늘은 유월절을 맞이할 마지막 금요일이었다. 내일은 유대인들은 아무것도 할 수 없는 종교적 휴일인 안식일이고, 다음주면 유월절의 시작이다. 그렇게 되면 그 사이에 어렵게 협박으로 설득한 로마 총독의 마음이 변할지도 모를 일이었다.

거기다 그 남자를 '메시아'라 부르며 따르는 자들이 폭동을 일으켜 산헤드린을 공격하고 그들의 선생을 구하겠다고 나설지도 모를 일이었다. 애초에 명분 없이 증오에 의해 내린 결정이었다. 처음부터 그 남자를 사형시킬 아무 증거도 없었다. 이 모든 일은 음모였다. 사두개인과 바리새인, 그들은 자신들의 음모가 밝혀지기 전에 사형 집행을 서둘러야만 했다.

산헤드린은 그 남자가 '메시아'라는 것을 몰라서 죽이려고 하는 것이 아니었다. 살인을 결심한 자신들의 악함을 들키기 전에, 사람들이 알기 전에 그 남자를 사형시켜야만 하였다. 산헤드린은 십자가를 준비하기로 결정했다. 이번 기회를 놓쳐버리면 언제 다시 로마 총독을 설득해 사형 허가를 받는단 말인가.

그들의 광적인 증오는 오직 한 가지 목적에만 몰두한 나머지 이런 일에 결코 사용해서는 안 될 재료에 손을 대고 말았다. 악마로 변한 산헤드린은 성전을 짓기 위해 준비해 놨던 나무를 기억해냈다.

따로 구분해서 성물로 준비해놓은 나무를 자신들의 증오를 만족시키는 일. 자신들이 절대로 받아들일 수 없는 메시아를 죽이는 일에 사용하기로 결정했다. 산헤드린의 명령에 따라 사형 집행인들은 신속하게 인부를 언덕으로 보내서 십자가로 쓸 만한 나무를 골랐다.

최대한 빨리 십자가로 만들 수 있는 나무. 적당한 두께와 길이를 가진 크루시스가 선택되었다. 그리고 크루시스는 대패질도 없이 급한 톱질과 거친 망치질로 인해 두 개의 목재로 나눠졌다.

크루시스는 경악했다. 자신의 몸이 톱에 의해 급하게 잘려지고 다시 끼워 맞춰졌을 때, 누군가 설명해주지 않아도 그토록 두려워했던 십자가가 되어 있는 것을 알 수 있었다. 하루 전만해도 크루시스는 유월절만 끝나면 성전에 들어가 한 부분을 차지할 것이라는 확신에 차 있었다. 그러나 크루시스는 십자가가 되었다.

가장 큰 저주. 십자가.

크루시스가 십자가로 완성되자 사람들은 크루시스를 들고 이동하기 시작했다. 순식간에 언덕을 내려와 예루살렘 골목길을 지나고 성전을 스치듯 지나갔다. 그토록 가고 싶었던 성전이 크루시스 옆으로 스쳐갔다.

그 짧은 순간, 성전의 옆을 지나가는 동안 성전 안의 나무들이 경멸 섞인 말로 크루시스를 저주했다. 조물주의 가장 완벽한 피조물인 사람의 목숨을 빼앗는 형틀이 된 크루시스를 위로하는 성전의 나무들은 단 한 그루도 없었다. 모두들 크루시스를 외면하고 저주했다.

크루시스가 이곳에 들어오기 위해 얼마나 정성껏 자신을 돌봤는지, 깊이 있어 닿기 힘든 물을 찾으려 얼마나 애쓰며 뿌리를 뻗었는지, 우기와 건기에 몸이 휘어지지 않으려고 가지하나 새로 뻗어내는 것도 조심하고 또 조심했던 그 모든 사연을 어떤 나무도 들어주지 않았다.

성전의 나무들은 자신들의 몸 위에 덧입혀진 금이 원래 자신의 모습이었던 것처럼 뽐내며 으스댈 뿐, 아무도 크루시스의 눈물을 닦아주지 않았다.

"그런 말 할 거 없어. 넌 원래 그런 나무였을 뿐이야. 정말 네가 잘 자란 나무였다면 성전에 들어왔을 거야. 십자가 주제에 난 그런 나무가 아니었다고 말하지 마, 성전에 들어올 뻔 했다고? 십자가 주제에 너무 뻔뻔한 거 아냐?"

"그만둬. 그런 말 하면 뭐하겠어. 난 성전에 들어온 지 수 백년이 흘렀고, 이곳에서 많은 십자가가 지나가는 것을 봤지만 한 번도 자기가 '십자가가 되어 마땅했소'라고 말하는 십자가는 본적이 없어. 그들은 늘 핑계대고 변명하며 남을 탓했어. 저 나무도 그런 나무일뿐이야. 우리들의 충고를 들으려 하지 않아."

"그래, 이제 우리는 유월절을 준비해야지. 혹시라도 이 아름다운 장식이 손상되면 안 되잖아. 거 쓸데없는 십자가 참견 그만들 하고 이번 유월절에 들어올 성전 세와 제물이나 천천히 계산해 보자고. 이러니저러니 해도 우리를 아름답게 꾸며줄 모든 건 사람들이 어마어마하게 바칠 성전 세와 헌물에 달려있으니까."

크루시스는 기가 막혔다. 골고다 언덕에서 바라보던 성전이 아니었다. 지는 저녁햇살에 찬란하게 빛나던 성전은 없었다. 빛나는 건 썩은 나무였고 아름답게 보이던 성전은 금빛의 번쩍거리는 십자가였다. 가장 큰 영광과 은혜를 입은 나무들이었지만 무서운 저주에 상처받고 두려워 떨고 있는 크루시스에게 위로의 한마디를 건네는 나무가 없었다.

그 나무들은 운명 앞에 십자가가 되어버린 크루시스를 힐난하고 빈정거리며 조롱할 뿐이었다. 크루시스는 억울함에 절망하고, 성전 나무들의 감정 없는 비난에 분노했다. 자신이 성전을 위해 준비되어 있다고, 내 몸은 영광스런 성전을 위해 준비되었다고 아무리 호소를 하여도 사람들과 나무들은 크루시스의 호소를 들어주지 않았다.

그렇게 급하게 잘리고 깎여나가 연결된 크루시스는 몸의 상처와 마음의 상처로 안과 밖이 거친 십자가가 되었다.

겟세마네 동산의 나무들에게 '성전에 들어갈 나무는 너밖에 없다.'라며 응원을 받던 크루시스, '너라면 성전에서 기둥이나 대들보 같이 좋은 자리를 차지할 것.'이라는 칭찬만 받던 크루시스, 골고다 언덕에 함께 놓여있던 자신보다 떨어지는 나무들을 보면서 저런 나무들과 같이 성전에 들어가는 것이 못마땅했던 크루시스는 이제 저주의 상징인 십자가로 만들어져서 로마 총독 건물의 뒷마당으로 옮겨졌다.

크루시스는 자신이 달아매어야 할 남자가 누군지

한 번에 알아볼 수 있었다. 아니 알아챌 수밖에 없었다. 십자가에 매달리기도 전에 그 남자는 이미 온몸이 상처로 덮여 있었고, 피를 많이 흘리고 있었다. 무슨 일이 있었는지 얼굴은 부었고, 머리는 가시나무로 만든 둥근 관으로 깊이 찔려있었다.

그 남자의 몸에서 멀쩡한 곳을 찾을 수가 없었다. 무식한 로마 병사에게 끌려와서 크루시스의 몸통 위로 던져졌을 때 가늘게 들리는 숨소리가 아니었다면 크루시스는 그 남자가 이미 죽었다고 생각했을 것이다.

그 남자는 자신을 십자가로 던진 로마 병사의 욕설과 고함에 크루시스를 어깨에 메고 겨우겨우 일어나 천천히 걷기 시작했다. 그 남자가 걸을 때마다 크루시스와 닿아있는 곳의 상처가 더 벌어져 피가 흐르기 시작했다. 곧 그 남자의 피가 크루시스의 몸을 타고 조금씩 흐르기 시작했다.

사람의 피가 자신의 나뭇결에 스며들자 크루시스는 온몸에 소름이 돋았다.

'아...안돼. 난 십자가가 될 수 없어. 될 수 없다고. 난 성전으로 갈 거야. 난 성전으로 가야해!'

그러나 크루시스의 비명은 아무에게도 들리지 않았다.

8. 다시 골고다

 아침에 십자가로 만들어져 총독 건물 뒷마당으로 무리들에 의해 옮겨질 때 그렇게 빠르게 지나왔던 언덕길을 이 남자는 힘겹게 비틀거리며 올라갔다. 여러 번 크루시스와 남자는 길바닥에 내동댕이쳐졌고, 그때마다 벌어진 상처에서 흐르는 피는 길과 크루시스를 물들였다.

 바닥에 내동댕이쳐지는 충격으로 크루시스도 점점 정신이 혼미해졌다. 크루시스는 골고다 처형장까지 올라가기도 전에 메시아라고 조롱받는 이 남자가 죽게 되는 건 아닐까 걱정했다. 먼저 올라간 다른 두 대의 십자가에서 내지르는 고함과 저주와 욕설이 골고다로 가는 골목길을 가득 채우고 있었다.

 그런데 크루시스를 메고 가는 이 남자는 너무너무

조용하다. 심지어 찢어지고 피흘리는 자신을 보고 울고 있는 여인들을 위로하며 지나갔다. 많은 사람들이 이 남자를 보고 침을 뱉고 저주를 퍼부어 댔다. 크루시스를 앞질러 올라오는 사형수들은 그들에게 세상에 존재하는 모든 저주와 욕설을 퍼부으며 싸우면서 지나갔다.

그러고 보니 앞에 가는 강도 2명은 매를 맞지 않았다. 이 남자처럼 채찍과 몽둥이질로 인해 상처를 입었다면 저토록 언덕에 다 오를 때까지 쉬지 않고 독설을 퍼부을 수는 없었을 테니까. 도대체 이 남자는 무슨 죄를 지었길래 십자가에 매달려 죽는 사형 언도를 받고도 이렇게 많은 매를 맞은 것일까?

골고다 언덕이 보이는 작은 골목을 겨우 빠져나오면서 이 남자는 완전히 쓰러져버렸다. 무식하고 잔인한 로마의 사형 집행관이 채찍과 발길질을 해 댔지만 피투성이 남자는 눈을 뜨지 못했다. 더 이상 그 남자는 십자가를 맬 수 없었다. 결국 로마의 사형 집행관에 의해 다른 남자가 강제로 차출되었고, 구릿 빛 피부의 건장한 남자는 죄수를 대신해 크루시스를 십자가로 세우기 위해 파 놓은 구덩이 앞에 매어다 놓고 여전히 의식이 없는 이 남자를 물끄러미 바라보다가 군중 속으로 사라졌다.

잠시 후에 크루시스는 하늘을 향해 바로 눕혀졌다. 그 순간, 갑자기 구름 한 점 없는 파아란 하늘이 눈에 들어왔다. 이제껏 참았던 설움이 한꺼번에 올라왔다. 저 하늘은 지난 세월동안 크루시스가 바라보던 그 하늘과 같은 하늘이었다. 크루시스는 저 하늘을 바라보면서 성전으로 들어가는 꿈을 꿨었다.

단 한 순간도 꿈을 놓지 않았다. 영광을 얻기 위해 최선을 다했다. 자격도 충분했다. 이제 크루시스의 노력에 하늘이 응답해서 꿈이 현실이 될 차례였다. 그런데, 그런데 그 꿈이 하루 사이에 무너졌다. 모든 것이 엉켜버렸다.

이제 크루시스는 사람을 죽이는 살인틀이 되었고, 엇갈린 사형틀이 되었다. 사람을 굵은 못으로 깊이 찔러 나무에 매달아 죽이는 십자가가 되었다.

그 남자가 크루시스의 몸 위로 던져지듯 옮겨졌다. 그 남자의 팔을 밧줄로 묶어 양 옆에서 잡아당겼다. 손목에 묶인 밧줄이 팽팽해지도록 거칠게 잡아당겼다. 최대한 당겨져 손목이 조여 오자 집행관의 손에 의해 억지로 펴진 손바닥이 붉게 변했다.

이윽고 못이 손바닥 한 가운데에 놓여지고, 단 한 번의 주저함도 없이 짧은 쇠망치는 긴 못을 힘차게 내리쳤다. 못은 그 남자의 손바닥을 꿰뚫었다. 그 남자의 손을 뚫고 나온 못은 크루시스의 몸에도 깊숙이 박혔다. 굵은 못에 의해 손등과 한 치의 틈도 없이 붙어있는 나무를 향해 붉은 피가 흘러나와 크루시스의 몸을 적셨다. 함께 올라온 강도들도 십자가에 거칠게 못 박혔다.

강도들은 주변에 보이는 모든 것에 목이 터져라 저주를 퍼부으며 비명을 질렀다. 그러나 크루시스와 함께 못 박힌 남자는 못질을 하고 있는 로마의 사형 집행관과 자신을 이곳까지 몰고 온 채찍을 든 로마 병사와 오직 자신들의 이익을 위해 사람들을 선동해 로마 총독을 위협했던 산헤드린의 장로들을 위해 용서를 구하는 기도를 하고 있었다.

발등까지 못질이 끝나고 나자 크루시스의 이마에 '나사렛 예수, 유대의 왕'이라고 쓰여진 푯말이 하나 더 못 박혔다. 그 모든 못질이 끝나고 크루시스는 깊게 파여 있던 구덩이로 거칠게 던져졌다. 구덩이의 바닥에 크루시스가 떨어지는 순간 그 남자와 크루시스의 몸을 뚫고 있던 못으로 인해 엄청난 충격이 가해졌다.

그 남자의 체중에 더해 구덩이로 던져진 크루시스의 무게까지 합쳐져 손바닥과 발등을 뚫고 박혀있는 단 3개 못으로 충격이 집중됐다. 다시 한번 뚫어진 상처사이로 피가 뿜어져 나왔다. 충격으로 남자의 손과 발이 다 찢겨져 나갈 것 같았다. 온몸의 피가 다 쏟아져 나오기 시작했다. 세상을 향해, 하늘을 향해 울부짖고 있는 크루시스의 눈물처럼 남자의 피도 멈추지 않았다. 선명한 붉은색 피는 크루시스를 완전히 적셨다.

그토록 두려워했던 '신명기의 저주'가 이제 완성되었다. 크루시스의 희망은 완전히 꺾였다. 이제 더 이상의 희망은 없다. 그 남자를 꿰뚫은 못이 크루시스의 희망도 꿰뚫었다. 크루시스가 메시아라고 믿었던 그 남자의 피가 자신의 몸을 적시고, 크루시스의 몸을 타고 구덩이 안으로 흘러내렸다.

"당신의 나라에 들어가실 때에 저를 기억하여 주십시오!"

언덕을 올라오는 내내 저주를 퍼붓던 바로 그 강도였다. 함께 십자가에 못 박힌 다른 강도의 빈정거

림을 나무라더니 갑자기 크루시스와 함께 못 박힌 그 남자를 향해 부르짖었다.

그의 울부짖음은 손과 발등이 뚫릴 때 내지르던 그들의 비명보다 더욱 처절했다. 출혈로 인한 목마름과 자신과 구경꾼들을 향해 내지른 비명으로 쉴 때로 쉬어버린 쇳소리와 같은 부르짖음에 형장 주변의 소란이 물이라도 끼얹은 듯 조용해졌다.

남자를 매달고 있는 크루시스 뿐만 아니라 십자가 주변에서 악다구니를 쓰고 있는 사람들도 그 남자의 상태를 알 수 있었다. 그치지 않고 계속 흘린 피로 인해 남자의 호흡은 가빠지고, 심장박동은 점점 느려지고 있었다. 이미 죽은 상태나 다름없는 그 남자가 저 강도가 부르짖는 소리를 들을 수 있을까? 자신도 구원하지 못한 채 양팔이 잡아 당겨져 형틀에 못 박혀있는데 저 간절한 호소에 무엇이라 대답할 수 있을까?

"분명히 약속합니다."

크루시스는 귀를 의심했다. 헐떡이는 숨소리로 여러 번 끊어가며 그 남자는 정말 죽을 힘을 다해 같이 십자가에서 못이 박힌 채로 죽어가는 강도에게 대답을 주고 있었다.

"……오늘 나와 함께 낙원에 있을 것입니다."

잡아당겨 못 박힌 손과 온몸의 체중이 당겨진 가슴을 눌러 숨도 쉬기 힘든 와중에도 남자는 한 마디 한 마디 온 힘을 다해 이렇게 말하고는 고개를 떨궜다.

죽음의 고통 속에서도 함께 죽어가는 사람에게 보여준 위로를 들은 후 크루시스는 이 남자가 진짜 메시아가 아닐까 하는 희망이 다시 솟아났다. 쇼파르가 알리바 아저씨에게 이 남자의 활동에 대한 이야기를 들려줄 때 들었던 그 모습 그대로였다. 도움이 필요한 사람을 향한 끊임없는 봉사, 모든 생명체에 대한 따뜻한 시선, 아픈 사람들을 그냥 돌려보내는 일 없이 다 어루만지고 치유해준 동정심, 지금 처참하고 잔인한 고통의 공간에서 마저 고통 받는 자를 향해 위로의 답변을 주는 모습을 보면서 쇼파르가 왜 이 남자를 메시아라고 말했는지 생각이 났다.

비록 꺾여버린 꿈이지만 내가 성전이 되고 이 남자가 왕이 된다면 메시아를 갖게 되는 진짜 성전이 되는 것이라고 설레며 마음을 나누었던 야적장 나무들과의 대화가 기억났다. '이 남자, 정말 메시아가 아닐까?'

"네가 정말 메시아라면 네 스스로를 구원하라!"

화려한 관복과 긴 술이 달린 옷을 입은 산헤드린 소속 바리새파의 사람들이 그 남자를 향해 스스로를 구원하라며 내지르는 소리에 크루시스는 정신이 들었다. 마치 성전의 금을 입힌 나무들처럼 권위 있는 옷을 입은 바리새인과 제사장 복장을 한 사두개파 사람은 한마음으로 십자가에 달려 죽어가는 이 남자를 조롱했다.

사람의 입에서 나오는 소리라고 믿기 힘들 사악한 조롱이었다. '도대체 이걸 듣고 어떻게 가만히 있지?' 정말 이 남자가 신의 아들이라고 알려진 메시아라면, 이 남자는 이 조롱을 그냥 두고 봐서는 안 됐다. '정말 신의 아들이 나와 함께 못 박혀 있는 걸까?' '이렇게 무기력한 사람이 메시아라고?' 의문은 크루시스의 눈을 가렸다.

갑자기 하늘이 어둡게 변했다. 태워버릴 듯이 작렬 하던 태양이 한밤중처럼 어두워졌다. 어두워지는 하늘만큼 크루시스의 마음도 풀리지 않는 의심으로 어두워졌다. 이 남자의 소문과 지금 크루시스가 보고 있는 모습은 나무들을 통해 전해 내려온 메시아의 모습 그대로였다. 하지만, 어떻게 세상을 구원할 메시아가 이렇게 처참하게 죽는단 말인가? 그것도 구원하러온 사람들에 의해 온 몸의 피를 쏟으며 죽어간단 말인가?

골고다 언덕은 완전한 어둠으로 덮혀졌다. 숨이 막혔다. 크루시스와 함께 못 박힌 남자를 욕하고 저주하고 조롱하던 모든 소동이 일순간 멈춰졌다. 어둠과 적막이 크루시스의 주변을 덮었다. 밤처럼 어두워지자 남자를 십자가에 못 박으라고 소동하던 사람들이 두려움에 떨며 언덕을 내려가기 시작했다.

크루시스는 컴컴한 어둠속에서도 언덕을 급히 내려가는 사람들의 얼굴에서 공포에 빠진 표정을 읽을 수 있었다. 도망가는 그들을 보면서 자신의 품안에서 죽어가고 있는 남자가 무고하게 십자가에 매달렸을 수도 있겠다는 생각이 들었다. 도망치는 사람들의 표정은 자신들이 그토록 숨기고 싶어 했던 추악한 죄의 증거를 만났을 때 나타나는 그것이었다.

그렇게 얼마의 시간이 지났을까. 남자는 크루시스가 알아들을 수 없는 말로 무엇인가 말하고, 잠시 후

'다 이루었다.'라고 말하고 곧 숨을 거뒀다. 크루시스는 사람을 자신의 몸에 못 박아 죽임으로써 나무에게 내린 가장 무서운 저주를 완성하게 되었다.

그 남자의 손과 발에서 못을 빼고 시신을 거두어 간 후에 크루시스는 그 자리에 그대로 넘어진 채로 방치되었다. 옆에는 강도들을 매달았던 다른 십자가들도 숨을 거둔 강도들을 내어주고 쓰러져 있었다. 이 모든 일이 크루시스 에게는 꿈만 같았다.

어제 이맘때만 해도 언덕의 나무들과 새로운 성전에 대한 이야기와 희망으로 한껏 부풀어 있었다. 그런데 채 하루가 다 지나기도 전에 크루시스는 십자가가 되어버렸다.

해가 완전히 지고 어둠속으로 인적이 사라지고 나서, 오랜 친구 쇼파르가 날아왔다. 하루 만에 변해버린 오랜 친구의 운명 앞에 쇼파르는 크루시스의 피 젖은 몸에 앉아 한없이 울었다.

9. 나무성전

 크루시스가 처음으로 십자가가 되었던 그날. 형틀이 되어 처음으로 매달려서 죽었던 그 남자는 메시아였다. 십자가의 비극이 있은 지 불과 3일 만에 다시 살아났다. 그 남자가 무덤을 열고 나왔다는 소식을 들었을 때도 크루시스의 몸에 핏자국은 선명했다. 크루시스는 다시 혼란스러워졌다.

 '내 몸에 매달려 죽었던 그 남자가 정말 메시아였다니! 난 도대체 무슨 짓을 한 거야?'

 죄책감은 크루시스를 더 깊고 깊은 절망의 구덩이로 밀어 넣었다. 메시아를 매달아 죽였다는 사실은 크루시스를 참을 수 없게 만들었다. 산헤드린 원로회와 로마 제국의 유대 총독부가 크루시스를 십자가로 세우기 위해 팠던 구덩이보다 더 깊고 좁고 어두운 구덩이였다.

'사람에게는 다른 피조물과 달리 구원이 약속되어 있다.'

'하지만 나무들은, 나무들은 어떨까?'

'우리에게도 죄에서 벗어나는 그런 날이 있을까?'

'우리를 만들어주신 창조주는 사람만큼 우리도 사랑하실까?'

이러한 크루시스의 의문은 꼬리에 꼬리를 물었지만 기대하는 대답을 얻지 못할까봐 물어보기 두려웠다. 그렇게 절망은 깊어져만 갔다. 골고다의 십자가가 된 이후, 두 달이 안 되는 짧은 기간 동안 크루시스는 정말 힘든 시간을 보내고 있었다.

사람들의 손에 끌려 올라가 형틀이 되었던 그 시

간보다 다시 야적장에 방치된 그 후의 시간이 더욱 외롭고 아팠다. 크루시스를 꾸준히 찾아오는 쇼파르, 그리고 바람을 통해 겟세마네 동산의 이야기를 전해주는 알리바 아저씨, 만일 그 둘이 없었다면 아마도 크루시스는 죄책감의 구덩이에서 헤어나지 못했을지도 모른다.

매일 매일 찾아오는 쇼파르와 뺨을 스치우는 바람은 크루시스를 마치 겟세마네 동산으로 다시 돌아간 것처럼 느끼게 만들었다.

메시아가 떠난 이스라엘, 특히 예루살렘은 그가 남겨놓은 제자들로 인해 변해가기 시작했다.

수치와 저주의 상징이었던 십자가에서 높이 매달려 죽었던 그 남자, 메시아는 어느 사이엔가 세상을 사랑으로 정복해 가고 있었다. 예루살렘은 그 남자를 믿는 사람이 점점 늘어났다.

불과 1년이 되지 않아 그 남자를 찬양하고, 사랑한

다고 고백하며 그 남자의 길을 따르겠노라 선언하는 사람들이 매일매일 어마어마하게 늘어갔다. 이대로 가면 예루살렘이 아니라 온 유대 땅이 십자가에 매달려 죽은 그 남자를 메시아로 믿게 될 것 같은 기세였다.

알리바 아저씨 곁에 메시아를 두고 도망갔던 그날 밤의 제자들, 죄 없이 십자가에 매달려 죽어가는 그들의 선생을 외면했던 바로 그 제자들이 변했다는 이야기도 들려왔다. 그들은 그들의 선생이 나무에 매달려 '신명기의 저주' 속에 삶을 마감한 후에 완전히 다른 사람이 되었다. 그 용기 없고 능력 없던 오합지졸 제자들은 마치 미친 사람처럼 자신들과 함께 다니던 그 남자를 '메시아'라고 당당하게 증거하기 시작했다.

그 남자가 겟세마네 동산에서 폭력배와 산헤드린 수비대에 끌려갈 때 죽어도 선생 곁에 남겠다는 맹세를 잊어버리고서는 폭도들이 소지한 몽둥이와 칼

그리고 횃불에 겁에 질려 사방팔방으로 흩어져 달아났던 그 제자들은 이제 없었다. 날마다 성문에 나타나 사람들에게 그들의 선생을 증거하고 있었다. 그들의 변화가 얼마나 놀라웠는지 항상 그들을 지켜보던 쇼파르 조차도 자신의 눈으로 다 봐놓고도 믿지 못하겠다고 할 정도였다.

'도대체 어떤 나무여야만 성전에 어울린다는 말인가?'

시간이 흘러갈수록 성전에 들어가지 못한 아쉬움은 의심으로 변했고, 해답을 얻을 수 없었던 의심은 곧 큰 분노로 변해 크루시스를 완벽히 지배하고 있었다. 고결한 나무, 깨끗하게 자라난 나무, 겟세마네에서 가장 훌륭한 나무였던 크루시스.

그러나 크루시스의 몸에 남아있는 건 세 개의 못자국과 붉은 핏자국뿐이었다. 크루시스는 다시 생각해봐도 십자가로 선택된 것에 대한 납득할 만한 이유를 찾을 수 없었고 자신을 형틀로 만들어서 사용한 세상에 대한 분노는 사그라들지 않았다.

여전히 그 자리, 골고다 야적장에 쌓여 있던 그 많은 나무 가운데 크루시스가 선택되었는지 알 수 없었다.

"알리바 아저씨, 전 모르겠어요. 왜 제가 십자가가 되어야 했을까요? 전 크고 무거운 나무였어요. 십자가로 사용하기에는 많이 무거운 나무. 그들의 손이 저를 잡았을 때 내 주변에 있는 다른 나무를 고르기 위해 절 치우려고 잡은 줄 알았어요. 십자가가 급히 필요했다면서 왜 저 같은 나무를 선택했는지 아직도 모르겠어요."

태양이 떠오르고, 다시 태양이 넘어가고, 예루살렘의 금빛 성전이 노을에 비춰 아름답게 반짝거릴 때 마다 크루시스는 성전에 들어가지 못한 자신이 거듭해서 원망스러웠다.

"크루시스"

알리바는 조용히 말을 이어갔다.

"내가 여기 겟세마네에 처음 뿌리를 내리고 흙을 뚫고 나왔을 때, 나는 나를 기다리고 있던 햇살을 처음 만났지. 그때 햇살이 내게 이런 말을 했어."

'안녕 어린 나무. 난 너의 싹이 올라오기를 칠 일 동안 기다렸어. 조물주가 너를 골라 이곳으로 데려왔지. 그 자리는 너의 운명이야. 아마 네가 아니면 안 되는 일, 어린 올리브 나무가 꼭 해야 할 일 인가봐. 조물주가 특별히 부탁하셨어. 내가 힘껏 도와줄게, 부디 잘 자라주렴.'

"그때는 그 말이 무엇을 의미하는지 몰랐지. 그 어린 떡잎은 그저 반갑게 맞아준 햇살이 고마웠을 뿐. 시간이 지나 내 키가 자라 동산의 주변을 둘러 볼 수 있게 되었을 때, 그때만 하더라도 예루살렘은 바벨

론과 페르시아로부터 버림받은 사람들이나 살던 무너지고, 불타버린 폐허였어. 성전은 무너져있었고, 도시는 말 그대로 황무지였지. 그러니 이런 땅에 나를 골라 자리 잡게 했다는 이야기는 이해할 수 없었단다."

"맞아요, 알리바 아저씨, 제 마음이 지금 그래요. 왜 조물주는 저를 저주의 나무로 선택하셨을까요?"

"그래, 저주의 나무. 그러고 보니 너는 저주의 나무였고, 나는 저주받은 땅에 자리 잡은 나무였구나."

짧게 미소를 지었던 알리바는 이야기를 계속했다.

"그런 날이 계속되다가 사람들이 페르시아로부터 풀려나 돌아오고 건물과 성벽과 성전이 세워지면서 이 곳은 다시 사람이 사는 곳이 되었지. 그래도 여전히 내가 이곳에 있는 이유는 알 수 없었지. 그런데 크루시스, 네가 십자가로 선택되기 전날, 메시아가 이곳에 제자들과 함께 오셨단다."

"네, 쇼파르에게 들었어요. 사람들이 먼저 잠들었던 것과 버리고 도망갔던 이야기도."

"그래, 그날 밤 나는 신의 아들, 메시아의 떨림과 슬픔을 봤단다. 내 품에 기대서 한없이 우시고, 기도하고 또 우시며 기도하고 또 기도하던 모습. 내게 몸을 완전히 의지하시고는 다가오는 운명을 놓고 기도하던 모습을 보면서, 난 그분이 진짜 메시아인 것을 확신할 수 있었어. 그런데, 크루시스. 세상의 그 누구도 그분의 땀에 젖은 이마와 두려움에 떨리는 어깨를 안아주지 못했어. 그분과 함께하던 제자들조차 잠든 채로 무심한 밤을 보냈지. 그런데 내가 그 일을 한 거야. 신의 아들이 가장 슬픈 밤을 늙은 올리브 나무에게 기대신 채로 견뎌내신거야."

알리바는 그날의 기억에 떠올리며 감동으로 이야기했다. 그러나 크루시스는 생각했다.

'그게 내게 내려진 저주와 무슨 연관이 있을까?'

"크루시스, 신은 자신의 아들을 위해 600년 전 이곳에 나를 보내 준비해 놓으신 거야. 저주의 땅에 뿌리내린 나무가 아니라 위로의 나무로 말이란다."

"크루시스, 네가 십자가가 된 건 그 사건이 신의 아들에게 가장 고통의 순간이었기 때문이란다. 창조주의 하나뿐인 아들, 그 분의 큰 사랑을 받은 아들의 가장 큰 고난의 시간을 함께 견뎌낼 나무를 찾고 찾아 너를 고르신 거란다."

"메시아와 함께 못 박힐 나무, 아버지와 아들이 갈라지는 가장 고통스러울 순간을 맡길 나무로 크루시스, 너를 준비 하신거야."

"크루시스, 넌 저주받은 나무가 아니었어. 너는 메시아와 함께 피 흘린 유일한 나무란다. 성전에 있는 그 어떤 나무와 금칠을 한 채로 성전을 꾸미고 있는 그 어떤 나무도 메시아와 함께 고난 받는 영광을 허락받지 못했단다."

"제가 영광을 입은 나무라고요?"

마지막 한숨을 들이키고 알리바가 말했다.

"그래, 크루시스. 네가 바로 성전이란다."

추천사

『크루시스』는 제가 동작중앙교회에서 시무할 때 뮤지컬을 하기 위해 동작중앙교회의 집사로 있던 저자에게 부탁해서 쓰여진 원고에서 비롯되었습니다.

그 당시 저자는 성경을 깊이 연구하는 분이었고, 아울러 상상력도 풍부한 분이셨습니다.

당시 저자가 초고를 써서 가지고 왔을 때 저는 그 글의 내용을 읽고 난 후에 느꼈던 감동을 지금도 잊을 수가 없습니다. 추천사를 쓰기 위해 당시 상황을 돌이켜보면, 그 당시 저는 그 글 속에 담긴 십자가의 사랑이 너무나 깊고 너무나 은혜로워서 큰 감동을 받았던 기억이 납니다. 그리고『크루시스』가 뮤지컬로 상연되었을 때 모든 사람들이 십자가의 사랑에 크게 감동 받으며 울었던 시간이 생생하게 떠오릅니다.

그래서 그 감동을 다시금 느끼기 위해 바로 그해에 앵콜 공연과 그리고 몇 년 후에 제가 그 교회를 떠난 후에도 다시 한 번 공연을 할 만큼 『크루시스』는 명작이자 수작이었습니다.

그런데 그 작품의 시초가 되었던 글이 이제 책이 되어 출판되어 나온다고 하니 더 없이 기쁩니다.

『크루시스』는 작가가 상상력을 동원해 당시 그리스도의 십자가의 재료로 사용되어진 한 나무가 느끼는 경험을 의인화해서 표현되어진 작품인데 작가의 상상력이 어떻게 이런 것들을 생각해낼 수 있을까? 라고 읽는 내내 탄성을 자아내게 만든 작품입니다.

모쪼록 이 책이 십자가의 사랑을 갈망하는 모든 분들에게 그리고 그 사랑에 더 깊이 다나가기를 소망하는 모든 분들에게 그 사랑을 느끼도록 도와주는 도구가 되길 바랍니다. 더하여서 이 책이 이 책을 읽게 되는 모든 분들을 예수그리스도의 십자가로 더 가까이 나아가도록 이끌어주는 '몽학 선생' 같은 역할을 하게 되길 소망합니다.

아울러 이 책이 되어 나오기까지 수고하신 박종석 집사님께 다시 한 번 감사하고 아울러 축하를 드립니다.

2021년 4월 11일
파주에서 저자의 친구 고 재 훈(파주중앙교회 담임목사)

삼사재 기획선 01

크루시스

도서명	크루시스
펴낸 날	2021년 05월 21일
저자	박종석
펴낸 이	이정숙
펴낸 곳	삼사재
등록일	2020년 05월 26일
등록번호	236-93-01196
주소	(12117) 경기도 남양주시 경춘로 1281 (평내동 248-4) 화성빌딩 402호
편집실	(04553) 서울시 중구 삼일대로 8길 12 (충무로 2가) 태광빌딩 201호
전화	031) 591-9735
편집	이성봉
표지디자인	김기로
제작	화신문화 02) 2277-7848

ISBN 979-11-97064-8-7